갑질 알기

1권. 그런 줄도 모르고,

갑질 알기
1권. 그런 줄도 모르고,

2023년 11월 21일 초판 1쇄 발행

지은이: 이하배
펴낸이: 이하배
디자인: 이하배
편집인: 이하배
출판사: 다사람더사람

출판등록: 제184-98-00737호
등록일자: 2019년 4월 19일
주소: 고양시 덕양구 내유길80번길 44-14
전화: 010 9148 3358
이메일: hhhbbblll@hanmail.net

ISBN: 979-11-974416-1-5(04130)

값: 7,000원
전재와 복제를 금합니다.

갑질 알기
1권. 그런 줄도 모르고,

이하배

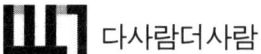

책을 펴내며 (공통)

아쉽지만,
세상의 많은 사람들은 소인(小人)….

'밥'의 크기나 '법'의 크기에서 작은 소인.

들어올 돈들은 적고 나갈 돈들은 많으니,
'작은 밥'에 허둥지둥 불안하고….

또, 물질-만이고, 나-만이니,
'작은 법'에 함께-이기도, 사람-이기도,
그리하여 나-이기도 어렵고….

갑질 불통, 불통 갑질의 '수직 문화'에서
여기저기 겉도는 '따로함께'들….

'4 부동'의 소외이리:
'뜬 움직임'의 부동(浮動),
'따라 같아짐'의 부동(附同) 속에
'움직임 없음'의 부동(不動),
'같지 않음'의 부동(不同)….

다행히도,
'이'리 소외된 일상들의 '반복'을
'저'리 '번복'할 출구들은 있음.

<갑질 알기> 5권 시리즈는 우리 사회에 깊숙이 배어
많이 '낯익은' 불통 문화, 갑질 문화를 조금은 '낯설게'
물어 파헤쳐가되, 생생한 '진경 사회'에 대한 진단에
멈추지 않고, 일정한 출구를 제시함.

일종의 '문화 백신'일 '같이 달리, 달리 같이'의
방향과 방법으로 <갑질 알기>는 다른 시각들이나
생각들, 물음들의 여지를 충분히 남기려 함.

<갑질 알기>는 무엇보다 사람/사물, 있음/없음, 앎/함,
위/아래, 대/소, 안/밖, 다름/같음, 분리/결합, 소통/불통,
밥/법, 수직/수평 등의 개념 쌍들로 지금 여기의 절실한
'잘못 분리', '잘못 함께'들 속에 생생한 '아닌 사람',
'아닌 삶'들을 구체적으로 물어, 밝혀, 풀어가는 노력임.

의미와 흥미의 두 '맛'(味)으로 접근해가므로, 쉽지만도
어렵지만도 않다는 <갑질 알기>는 '이건 아닌 것 같다!'고
회의하며 '다 사람, 더 사람'을 일정한 방식으로 찾고 있는
분들이라면, 자연스레 피부로 느끼고 가슴으로 공감하면서
같이, 달리 생각하며 물어가는 계기일 수….

그러므로 <갑질 알기>는 피해자로서든 가해자로서든,
불통 문화, 갑질 문화에 직간접으로 당사자 되어,
'아닌 세상 속에 아닌 사람' 혹은 '아닌 사람 속에
아닌 세상'의 소외나 부조리를 회의하는 열린 분들이나
집단, 단체들과 나누고 싶은 열정임.

차례

책을 펴내며 (공통) 5

머리말 (공통) 9

1장. '아닌 함께'들 21

- 서로 이어져 움직이고 움직여지는 관계망
- '나의 밥'-만 있는 '나의 법'-만 있음
- 경제적 '상하 양극화', 정치적 '좌우 양극화'
- '왕-따'지만, '완-따'는 아님
- 자신을 낳은 사람들이고 자신이 낳은 사람들인데
- 붕 뜬 국가
- 직장 갑질
- 같은 사람이지만

2장. '아닌 사람'들 59

- '아닌 사람'들 넷
- '못 미치는' 아닌 사람, '넘어서는' 아닌 사람
- '밥소인', '법소인'
- '작은' 사람, '없는' 사람, '아닌' 사람
- 아니라는 부정, 아닌 것이 아니라는 부정
- 물질도 없고 사람도 없고
- '법대인'
- '밥대인'

3장. 사람 그리고 83

- 다 나, 다 너
- 홀로의 나는 본래 없음
- 다 입, 더 입
- 사람이기 위해
- '이 아님'에서 '저 아님'
- 들어-오지 마, 올라-오지 마
- 세상다울 때 사람, 사람다울 때 세상

머리말 (공통)

그런데,
남의 삶 같고,
따로의 삶 같고….

사람답지 못한 삶 같고….

그러니,
'아닌 사람', '아닌 세상' 같고….

아닌 사람—에서 아닌 세상,
아니, 아닌 세상—에서 아닌 사람.

세상에!

세상이 탈 났다.
사람이 탈 났다.

본래, '머리'(頁)가 '멈춘'(止) 상태가 '탈'(頉).
사람 머리의 이성 작용이 멈추면 탈.

생각 경화, 행동 경화 속에
이리 아닌 사람, 저리 아닌 세상….

굳어 막혀 '움직이지 못하는' 경화(硬化: 굳을 경).
경화이니 불통….

불통이니 통(痛), 아플 통;
불통이니 탈(頉), 탈 날 탈.

탈 난 세상, 탈 난 사람에서
여기에 '아닌 밥', 저기에 '아닌 법'….

법 없어 아닌 밥, '非밥'(아닐 비);
밥 없어 아닌 법, '非법'.

여기저기,
非밥들, 非법들 속에 '非인'들, 아닌 사람들;
非인들 속에 非밥들, 非법들….

여기저기,
아닌 밥이게 하는 '힘'들, 아닌 법이게 하는 힘들;
아닌 밥이게 하는 '앎'들, 아닌 법이게 하는 앎들….
아니, 모름들….

아닌 밥이게 하는 '벽'들, 아닌 법이게 하는 벽들;
아닌 밥이게 하는 '금'들, 아닌 법이게 하는 금들….

힘들, 앎들/모름들, 벽들, 금들….

물질-만, 나-만, 강-만임 속에
눌러-내림, 밀어-냄의 탈들이 나게 하는….

눌러-내림은 '아래-사람'들 만들기;
밀어-냄은 '바깥-사람'들 만들기.

본래,
'위-사람'들 만들기 위한 아래-사람들 만들기;
'안-사람'들 만들기 위한 바깥-사람들 만들기.

위/아래로 나누고 안/밖으로 나누는
위-사람들, 안-사람들….

나누고 싶은 위-사람들, 안-사람들;
아니, 나누어야 하는 위-사람들, 안-사람들….

위-사람들-만의 함께, 안-사람들-만의 함께.
'만-함께'….
'아닌 함께'….

이해(利害)관계, 권력관계 속의
이해(理解)관계;
이해(理解)관계 속의
이해(利害)관계, 권력관계….

그렇다면, 눌려 억압당하고 밀려 배제당하는
아래-사람들, 바깥-사람들은,
아니, '다름-사람'들, '나머지-사람'들은,

'올라오지 마!',
'들어오지 마!'라고?

'움직이지 마!',
'생각하지 마!'라고?

그냥,
'사람이지 마!'?
'사람하지 마!'?

'오지 마!', '이지 마!', '하지 마!'
거스르고 막아서는 '마!', '마!', '마!'

사람-이기, 함께-이기, 아니, 사람 존재 자체를
이리 거스르는 '갑질'/'강질';
저리 거스르는 '을질'/'약질'….

'약자에 대한 함부로'인 갑질, 강질도 벽이요 금;
'강자에 대한 무조건'인 을질, 약질도 벽이요 금….

여기저기,
사람들이 사람들을 무시하고, 때리고, 속이고, 죽이고;

사람들이 사람들을 못살게 하고, 못 살게 하고….

무시-하고, 못살게 하는 사람들도
'아닌 삶'을 사는 '아닌 사람'들;
무시-되고, 못살게 되는 사람들도
아닌 삶을 사는, 그래서 역시, 아닌 사람들….

가-하는 아닌 사람들은
누구보다, 법에서 작은 '법-소인'들;
당-하는 아닌 사람들은
누구보다, 밥에서 작은 '밥-소인'들….

강한 나-만이 사람-이라는,
그리고 사람-이려는 갑질, 강질.

혹은 '갑짓', '강짓'….

강한 나의 밥, 강한 나의 법, 그리하여
강한 나의 삶-만이 다!
강한 나의 삶-만이다!
강한 나의 삶-만 있다!

강한 너-만이 사람-이라는,
그리고 사람-이려는 을질, 약질.

혹은 '을짓', '약짓'….

강한 너의 밥, 강한 너의 법, 그리하여
강한 너의 삶 – 만이 다!
강한 너의 삶 – 만이다!
강한 너의 삶 – 만 있다!

'힘'에서 강한 너 – 만이 있음, 사람, 의미인 '앎' 속에
갑질, 강질을 당하여도 할 말 못 하는 '함'….

오히려, 못 할 말 하는 '앎 함';
오히려, 을질, 약질로 맞아주고 웃어주는 '앎 함'….

'유력인'인 갑질인, '강질인'과 같이 있을 때는
같이 웃고 칭찬하는 '앎 함';
'무력인'인 을질인, '약질인'이 혼자 있을 때는
혼자 울고 불평하는 '앎 함'….

유력인, 갑질인의 갑질이 겁 – 주는 '겁질'이라면,
무력인, 을질인의 을질은 겁 – 먹는 겁질.

무서워 '떠나가고 도망가는'(去) '마음'(心)이 '겁'(怯).

강과 약;
그리고 겁;
그리고 겁질….

'유력'과 함께하는 갑질이자,

무력인과 함께하는 갑질도 하나의 겁질;

'무력'과 함께하는 을질이자,
유력인과 함께하는 을질도 하나의 겁질….

겁-'주는' 갑질인 겁질, '강 겁질';
겁-'먹는' 을질인 겁질, '약 겁질'.

'다 사람, 더 사람'에 반함;
'다 함께, 더 함께'에도 반함.

겁-주는 겁질이든, 겁-먹는 겁질이든,
'아닌 앎', '非지' 속의 '아닌 함', '非행'.

이런저런 '겁질 함께'는 '껍질 함께', '겉-질 함께'.
아닌 함께, '非함께'….

아닌 앎, 아닌 함 속의 아닌 함께.
그리고 아닌 함께 속의 아닌 앎, 아닌 함.
그리하여 아닌 삶, 아닌 사람….

함께지만 따로이니, 아닌 함께는 '따로-함께'.
'이'런 따로-함께는 겉-도는 함께, '따로함께2'.

'저'런 따로-함께, '좋은' 따로-함께,
'따로함께1'도 있음.

갑질 알기 / 그런 줄도 모르고,

따로일수록 더 함께일 수 있고,
함께일수록 더 따로가 가능한
따로함께1.

'있을', 있어야 할 세상 크기는
사람들이 겁을 주지 않고, 겁을 먹지 않는
평화로운 세상 크기;
제도나 문화가 '잘' 갖추어져, 서로가 서로를 인정하며
마주 향하여 '맞-나는' 세상 크기….

그러므로 사람들의 밥과 법이 '잘' 갖추어지는
세상 크기;
먹기, 말하기에서 '다 입', '더 입'일 수 있는
세상 크기….

불통-이 낳는 갑질 그리고 을질;
불통-을 낳는 갑질 그리고 을질.

불통의 자식이자 부모, 갑질 그리고 을질.

그러니 無불통이면 無갑질, 無을질;
無갑질, 無을질이면 無불통(없을 무)….

그리하여 탈 벗어남의 '탈탈'(脫頉);
탈 없음의 '無탈'….

이런저런 갑질 그리고 을질,
이런저런 불통 그리고 아닌 함께….
사람에도 배어있고, 세상에도 배어있음.

불통 갑질, 갑질 불통은 '반복'하여 '가는 길'.
'이'런 가는 길들, 더 반복하여 '갈 길'은 아님.

'이'런 가는 길들 '번복'하여
새로 물어 찾아 걸을 길들, '저'런 갈 길들….

눈 감고 갈 수는 없는 일;
모르고 살 수는 없는 일….

그런데,
'이'런 가는 길들, '저'런 갈 길들이 모두 '알 길'들….

'이'런 길들은 물어 알아 떠-날 길들,
있는 '없을 길'들;
'저'런 길들은 물어 알아 만-날 길들,
없는 '있을 길'들….

'이'런 가는 길들에서 '저'런 갈 길들 알고;
'저'런 갈 길들에서 '이'런 가는 길들 알고….

물어야 알고;
알아야 살고….

임/아님(안-임), 잘/잘못을 '잘' 가르는 '참 앎'들;
임/아님, 잘/잘못을 '잘' 가리는 '참 함'들….

'같이 달리, 달리 같이' 수평 함께로 물어, 찾아, 알아,
걸어갈 길들: '참 앎, 참 함'의 길들….

조금 부연하여,
'서로 다른 사람들이 서로 같은 사람들로',
'서로 같은 사람들이 서로 다른 사람들로'….

여기서의 같음, 다름은
수평 같음 '같음1', 수평 다름 '다름1'.

수평 같음, 수평 다름 속의
'다를 수 있는 같음',
'같을 수 있는 다름'이 방향….

수직 같음 '같음2'이고 수직 다름 '다름2'라면
갑질과 불통, 함부로와 무조건의 같음과 다름에 불과.

<갑질 알기> 5권 시리즈는 갑질 문화, 불통 세상의
'가는 길'들, 다 사람, 더 사람의 '갈 길'들을
'같이 달리, 달리 같이' 생각하며 물어, 밝혀갈 것임.

'같이 달리, 달리 같이' 자체가 <갑질 알기>
시리즈의 기본 방향이요 방법일 수….

<갑질 알기> 시리즈는 동시에
<갑질 알기 (e책)> 시리즈로도 태어남.

다음은 5권 시리즈의 잠정 목차들.

1권. 그런 줄도 모르고,
1장. '아닌 함께'들
2장. '아닌 사람'들
3장. 사람 그리고

2권. 갑질/을질 혹은 '강질'/'약질'
4장. 갑질/을질의 불통문화, '병(竝)질'의 소통문화
5장. '밥 없는 법, 법 없는 밥'
6장. 갇혀, 닫혀, 막혀 있는 생각-경화, 행동-경화

3권. 멋-있는 말, 맛-없는 삶
7장. 대신 물어주고 대신 답해주는 복제 교육
8장. '민객(客)'일수록 '민주(主)'이니 '언(言)즉시공'
9장. 겉-치레와 겉-짓 속에 겉-도는 겉-삶, 소외

4권. '말할 힘'이 없어, '말할 앎'이 없어
10장. '다 사람, 더 사람'의 내외 전제들
11장. 아스케제(Askese)는 자'신' '수'리, 수신(修身)
12장. 권력이 말하는 도덕, 도덕이 말하는 권력

20 갑질 알기 / 그런 줄도 모르고,

5권. 출구는 있다
13장. '다를 수 있는 같음, 같을 수 있는 다름'은
　　　 수평 소통의 '문화 백신'
14장. '덜' 나눔, '더' 나눔, '잘' 나눔의
　　　 '좋은' 공동체 삶을 물어 여는 '3분 철학'하기
15장. '같이 달리, 달리 같이' 더 사람, 더 세상으로

2023년 늦은 가을날
돌아보고 둘러보고 들여다보고 내다보는
'돌/둘/들/내' 서로 배움터 열음학당에서
이하배.

1장. '아닌 함께'들

- 서로 이어져 움직이고 움직여지는 관계망
- '나의 밥'-만 있는 '나의 법'-만 있음
- 경제적 '상하 양극화', 정치적 '좌우 양극화'
- '왕-따'지만, '완-따'는 아님
- 자신을 낳은 사람들이고 자신이 낳은 사람들인데
- 붕 뜬 국가
- 직장 갑질
- 같은 사람이지만

서로 이어져 움직이고 움직여지는 관계망

만나 이어져 움직이고 움직여지는 소통의 관계망….
소통의 관계망 속에 함께 따로 존재하는 만물….

그 함께의 소통방식, 운동방식은 천차만별.
수직의 '천만 차별'보다 수평의 '천차만이(異)'?

'자연적 동물'이자 '사회적 동물', 사람임.

사람의 삶도 — 자연과든 사람과든, 직접이든
간접이든 — 늘 만나고 떠나는 소통의 관계망 속에
나누는 함께….

만나 이어지는 만물이니, 엄밀히 보면,
세상의 어떤 타자로부터도 완전한 무관은 불가….

예를 들어, 21세기의 나는 2천5백 년 전의
다른 사람들과도 만나는 중이며, 고양시의 나는
2만 5천 km 떨어진 다른 사람들과도 만나는 중….

그런데,
A와 B가 만나고 B와 C가 만나면, A와 C도 만남.

중간의 매개(媒介: 중매 매, 끼일 개)자 B를 통하여….

서울시와 경기도는 직접 만나지만,
서울시와 충청도는 간접으로 만남.

경기도를 통하여···.
경기도는 일종의 'B'인 셈.

양자를 나누는, 아니, 잇는 '사이'(間)를
통하는 '만남'(接)이 '간접'(間接)의 만남.

만남에 끼어들어 영향을 미치는 사이, 매개자, 'B'···.

만물이 '떠나고 만나는' 운동의 공간, '사이'···.

사이는 거르고 조절하는 문;
또, 끊었다 이었다 단속(斷續: 이을 속)하는 문···.

그리하여 사이나 문의 나눔은 '끊는 나눔'(나눔2)일 수도,
'잇는 나눔'(나눔1)일 수도.

어찌 보면, 만남의 사이에 끼어들어 영향을 주는
문화, 미디어, 의식, 이데올로기, 정서, 법제, 전통,
대통령, 공기, 옷, 말, 반찬, 장화, 종교, 커피, 기후, 밥,
책, 지리, 석유, 노래, 색깔 등이 모두 사이···.

'완전한 직접'이 아닌 한,
모든 만남은 간접의 만남···?

떠남도 만나 이어져 움직이고 움직여지는
함께의 관계망, 소통망을 구성하는 한 축….

떠남 없는 만남 없듯, 만남 없는 떠남 없음.
떠나는 만남, 만나는 떠남이 바로 움직임, 운동.

육체적이자 정신적인 존재로서, 서로 만나 소통하며
관계하는 삶에 필요한 '밥'과 '법'을 - 이미 만들어진
밥과 법을 가지고 - 끊임없이 함께 찾아 만들어 사유,
공유하며 소비하면서 살아가는 사람들….

'나의 밥'-만 있는 '나의 법'-만 있음

사람과든 자연과든,
사람 삶이 늘 만나 나누며 소통하는 함께지만…,

이 땅의 사람들은 가진 소유나 오른 지위에서,
또는 생각이나 가치에서 '너무' 갈리고 나뉨.

물질이 전부, 자신이 전부, 강자가 전부인 속에
'너무' 나뉨, '잘못' 나뉨;
혹은, 너무 나뉨, 잘못 나뉨인 속에
물질이 전부, 자신이 전부, 강자가 전부….

그러니 도처에 아닌 함께, '비함께'….

서로 대칭의 '맞'-남이 아닌, 홀로 비대칭의 '만'-남;
서로의 '모두 중심주의' 아닌, 홀로의 '하나 중심주의'.

이런 함께는 일방, 폭력, 거리낌, 눈치, 감춤, 겉-짓,
어색(語塞), 겁, 공포와 이어지는 배제와 강제의
불편하고 불안한 아닌 함께….

자체적으로 나뉘고 나뉘다가
더이상은 나뉠 수 없는 존재가 'In-dividual', 개인;
이런 '개인'들은 그러나
자신들의 모임인 '사회'로부터도 조금도 나뉠 수 없음.

앞의 나뉠 수 없음은 한 개인이 – 대내적으로 –
끝까지 나뉘었기 때문;
뒤의 나뉠 수 없음은 한 개인의 삶이 – 대외적으로 –
만남과 소통의 함께 속에서만 생각될 수 있기 때문.

네가 안-인 나이지만,
너와 함께-일 수밖에 없고, 함께-할 수밖에 없고….

너 아니지만 너일 수밖에, '아니'지만 '일' 수밖에….
일정한 방식으로….

'무관한 유관'이니;

'따로인 함께'이니;
'다름인 같음'이니….

논리적으로만 보아도, 너와 나는
구체로 내려올수록 달라지고, 추상으로 올라갈수록 같아지므로,
너와 나의 '다름-만'을 이야기함도, '같음-만'을 이야기함도
무리(無理: 다스릴 리)….

배제하는 '만'이 늘 문제….

살려면, '끌어-들여' 함께여야 하는 운명인데,
'밀어-내며' 배제(排除: 밀어낼 배, 덜 제)하고 배척(排斥: 물리칠 척)하는 '만'이니….

너 없는 나 '없'는데, 너 없는 나 '있'으려 하니;
너 없는 나 '아닌'데, 너 없는 나 '이'려 하니….

'나-만', '나의 밥-만' 생각하는 '나의 법-만'이니….

운명적인 함께이기에, 내가 살려면
남을 살게 하여야, 적어도, 살게 놔두어야….

자연으로부터 나뉠 수 없음도 마찬가지.

하나의 '반'(半: 반 반) 자연이기에 '반'(反) 자연이기도 한
사람들은, 자연 속에 사회를 이루면서 자연과도 사람과도

반(半)씩 '반'(伴: 짝 반)하면서 살 수밖에 없는 존재인데,
'반'(伴) 아닌 '만'인 속에 남이라며, 다르다며, 아래라며,
소수라며 따돌리고, 못살게 하고, 못 살게 하고….

다르다며, 약하다며 '사람–이지 못 하게' 하고,
'사람–하지 못 하게' 하고….

자신–만이 사람–이려고; 자신–만이 사람–이라고….
생각 없이, 쉽게; 무'사'안일(無'思'安逸)….

반(半)이 가능할 때 반(伴)이 가능하다면,
그래서 반(半)일 때 반(伴)이라면, '반반'(半伴)이 길…?

나 반(半), 너 반(半); 너 있는 나 있음….
반(半)으로서 다른 반(半)과 함께 반(伴)하기, '반반'….

그런데, 조금 긴 시간, 조금 먼 시각으로 보면,
배제하는 사람도 배제되는 사람이기 쉬움;
남들이 무시되고 배제되는 질서요 정서이니,
그들의 남인 나도 무시되고 배제되기 쉬움….

나 스스로–를 말리고 나 스스로–가 만류하는
'내 안의 목소리'인 양심은 차치하더라도….

더구나, 갈수록 함께일 수밖에 없는 삶인데,
남들의 삶이 훼손되면, 나의 존재 기반도 훼손될 수밖에….

사회가 분화할수록, '남'들에 더 결정될 수밖에 없는 '나'들.
사회가 분화하여 따로일수록, 어찌 보면, 더 함께….

'살다'에서 '삶', '사람'뿐만이 아니라, '스랑'도 나왔을 것….
여기에 신조어 '사람하다'가 더해질 수 있을 것….
'스랑하다'에는 '생각하다'와 '사랑하다'의 뜻이 있음….

사랑하는 존재, 생각하는 존재, 서로 그리워 마음속으로
그리고 또 그리는 존재가 '사는 존재', 사람일 텐데….
사랑하면 생각 속에 온통 사랑하는 사람에 대한
생각과 그림, 그리움뿐인데….

그리하여, 사람은 어원적으로도, 서로 사랑하고 그리워하며
같이 살 수밖에 없는 존재인데….

그러나, 사람들이 얼마나 '사랑 아님' 불인(不仁)이고
'사람 아님' 불인(不人)이면, 역사 속의 '큰 머리'님,
'대-머리'님들은 끊임없이 '다 사람'이라며 '다 사랑'하라고,
'다 사랑'하자고 강조해왔을까?

다만, '머리' 속의 '생각'으로만 남기 쉬운 '말'들.
말을 하는 쪽에서든, 말을 듣는 쪽에서든….

'머리 밖' 실현의 구체적인 전제들에 대한 현실적인 고민과
대안이 부실(不實: 열매 실)하니, '함 없는 앎'이기 쉬운….
혹은, '함 있는 앎', '하는 앎'이기 어려운….

경제적 '상하 양극화', 정치적 '좌우 양극화'

일자리는 없고….

있어도 질 나쁜 일자리가 반;
또, 똑같이 일해도 반만 받는 일자리가 반.

부자는 갈수록 부해지고 빈자는 갈수록 빈해지다가,
급기야 또렷한 양극(bi-pol)으로 나뉘고….

함께할 수밖에 없는 삶에서
한쪽이 어려우면 다른 쪽도 어려워질 수밖에 없는데….

신자유주의의
자연스런,
아니, '인간스런',
아니, '비인간스런',
아니, '반인간스런'
거의 약육강식(弱肉强食)의 시스템 속에,

갈수록 '위와 아래'로 그리고 '나와 남'으로 '너무 나뉘어'
일그러지는 함께, 비함께….

본래, 경제적 나눔과 정치적 나눔은
서로를 부르고 화답하는 가까운 사이….

물질이 '대/소'로, 그리하여 권력이 '상/하'로 나뉠수록,
이념이 '시/비'나 '선/악'을 나누는 듯;
이념이 시/비나 선/악을 나눌수록,
물질이 대/소로, 그리하여 권력이 상/하로 나뉘는 듯….

물질(소유)이 나뉠수록 정신(이념)을 나눔;
정신(이념)을 나눌수록 물질(소유)이 나뉨?

특히, 분단 상황에서는 권력이 상/하로 나뉠수록,
시/비나 선/악의 나뉨은 더욱 '좌/우' 나뉨의 형식을 띠고;
시/비나 선/악의 나뉨이 좌/우 나뉨의 형식을 띨수록,
권력은 더욱 상/하로 나뉘고…?

대/소 분리일수록, 뚜렷해지는 시/비 분리;
시/비 분리일수록, 뚜렷해지는 대/소 분리…?

상/하 분리일수록, 뚜렷해지는 좌/우 분리;
좌/우 분리일수록, 뚜렷해지는 상/하 분리…?

혹은 대/소 분리, 상/하 분리일수록,
뚜렷해지는 시/비 분리와 함께 뚜렷해지는 '자/타' 분리;
뚜렷해지는 시/비 분리와 함께 뚜렷해지는 자/타 분리일수록,
대/소 분리, 상/하 분리…?

상/하 양극화가 좌/우 양극화의 뿌리이듯,
상/하의 분리가 '안/밖 분리'의 뿌리이리.

그 '안'이 '내부'의 안이든, '내면'의 안이든….

그리하여 '안/밖 분리'의 뿌리인 '상/하 분리'는
겉-치레, '겉-짓', 허위의식의 뿌리이리….

위정자들의 '좌/우' 양극화는
국민들을 좌/우로 가르고 상/하로 가르며,
위정자들과 국민들 사이도 상/하로 가르는 듯….

국민을 위한다는 '정치 싸움', '싸움 정치' 속에
국민들의 혈세(血稅)나 노동은 술술 새어나가,
국민들이 실제로 먹고사는 삶은 어려워지니까….

적어도, 여전히 어려우니까….

밥과 법을 말하는 정치를 국민들이 말하는 이유;
밥과 법을 말하는 정치를 국민들이 말하여야 하는 이유….

자신들이 아닌, 남들, 국민들을 위하는 일에
과연 죽자 살자 당선되려 할까…?

국민이 먼저임은, 아니, 먼저라고 함은 거짓, 겉-짓.
아주 작은 예외는 예외로 하고….

경제적, 정치적 양 양극화, 수직주의, 획일주의, 주입식교육,
정경 유착(癒着: 병유, 붙을 착), 권언 유착, 정치검찰,

32 갑질 알기 / 그런 줄도 모르고,

얼렁뚱땅 문화, 생태파괴, 성폭력, 나 중심주의, 물질 중심주의,
겉치레와 겉-짓, 갑질/을질, 생각 경화/행동 경화….

우리 사회의 진단에서 빠지지 않는 범주들….

'왕-따'지만, '완-따'는 아님

일반적으로 말해, 경제적, 정치적 양 양극화의
'따로함께'들로부터 다시 수많은 따로함께들이 갈림.

학교에서 학생들이 학생들을 놀리고, 때리고, 빼앗고,
심부름시키고, 불안에 떨게 하고, 급기야 죽게 하는
만남의 모습, 불통의 모습, 非함께의 모습들….

선생님들을 무시하고 때리고 고소하고 자진하게 하고….

이런 불통과 非함께에서
누구는 사람일 수 있고, 누구는 사람일 수 없고….

'사람일 수 없음' 속에서
'사람일 수 있음'도 오래 가기는 어렵고….

사람이기도 결코
'진정한' 사람이기일 수는 없고….

다르다는 이유로, 약하다는 이유로 학생들은 학생들을
함께에서 세게 떼어-내고 밀어-내며, 때리고 누름.

'나쁘다!', '아니다!'라고 하면서….
이런 말을 들어야 할 사람들이, 도리어….

가리키고 가르쳐 '사람을 만드는' 곳 학교인데….
못-된 사람들, 덜-된 사람들….

'학교 안'의 책임?
'학교 밖'의 책임?

같이 책임?
어떤 같이?

입학 이전, 학교 밖에서
이미 '세상적인 사람'으로 많이 만들어진 학생들….

이미 세상 속의 학교?
이미 세상 속의 학부모?
이미 세상 속의 미디어?

아니, 이들 모두가 그냥 세상…?

그런데, 호감 가는 다름도 있고, 기피되는 다름도 있고….

다르기 때문에 밀어-내지만,
다르기 때문에 끌어-들이기도….

실력과 미모가 '남-다른' 유명 가수들은
끌어-들임의 대상.

'못한 다름', '아닌 다름', '약한 다름'이 쉽게
왕따의 표적이고 기피(忌避: 꺼릴 기, 피할 피)의 대상.

못한 다름, 약한 다름인 아닌 다름이 쉽게
'차이주의자' 아닌 '차별주의자'들에 의해 부정되는 다름.

엇박자의 이해(利害) 때문;
엇박자의 이해(理解) 때문….

혹은 작은 세상 크기 때문….

그런데, '강'하게 떼어-내는 '왕-따'지만,
'완'전히 따돌리는 '완-따'는 아님.

떼어내기만 하면, 가해자와 피해자는 떨어져
무관하게 되어, 가해도, 피해도 더이상 발생하지 않을 수….

그러나 가해자는 떼어내고 따돌리기 위해 계속 따라다님;
떼어내고 따돌리면서, 책가방을 들어달라 하고,
숙제를 시키거나 비싼 옷을 가로채고 금품을 앗아감.

따라가는 따돌림?
따돌리는 따라감?

따돌려서 왕-따인지,
따라가서 왕-따인지….

따로지만 함께,
함께지만 따로….

그러나 수직적 일방의 '따로함께2'….

'둘'인 '하나'인데,
비대칭인 둘 속의 수직 하나, 일방 하나….

이제 학원으로의 발길도 식당으로의 밥길도 끊김.

다른 사람들이나 경찰에 알리자니,
더 큰 위험들이 닥칠 것 같음.

폭로의 '말길'이 막혀 있고, 진퇴의 '발길'이 끊겨있음.
말길이든 발길이든, 오도 가도 못 하는 길, '아닌 길'….

그렇다고 혼자의 시간이나 공간도 허용되지 않음.
늘 초조(焦燥: 태울 초, 말릴 조)하고 불안함.

정신적인 굴욕과 초조, 불안의 고통은

물리적인 고통보다 강함.

부모님의 '하찮은' 직업까지 들먹이면,
더이상은 이성적이기 어려움.

그래도 어쩔 수 없는 모순….
상대가 너무 강하고 무섭기 때문.
상대는 이미 튼튼한 권력 기반을 구축하고 있음.

출구가 안 보임.
전진도 후퇴도 불가능한 진퇴유곡(進退維谷)….

'이' 세상에서는 말길도, 발길도 다 끊김.
삶이 아님.

마침내 '저' 세상을 택함.

차라리 죽음.
그리고 죽음.
그리고 또 죽음….

이런 죽음이 역사상 가장 '진보'했다는
21세기의 문명사회에서 버젓이 살아있음.

자기 죽임의 직전이나 직후에서야,
문제가 수면 위로 떠 오름.

직전에 드러남도 이미 무의미.
이미 만신(滿身)에 창이(瘡痍: 부스럼 창, 상처 이)이니….
이미 많이 죽어 있으니….

눈치-주기, 눈치-보기가 발달한 사회지만,
많이 내다보고 내다보이는 '다시다시'(多視多示) 사회지만,
부모님들, 선생님들은 늘 '그런 줄은 전혀 몰랐다!'고만….

말할 수 없으니 들을 수 없고,
들을 수 없으니 말할 수 없고….

상대에 '귀 기울이는' 경청(傾聽) 혹은 상대를 '공경하는'
경청(敬聽)은커녕, 상대를 '가볍게 듣는' 경청(輕聽).

경청(輕聽)은 '안 듣는 듣기', '안 듣기'….

문제가 개개인의 입과 귀의 문제로 환원, 축소된다는
의미는 아님.

힘, 앎, 함의 '소통문화 3요소'들이 일정한 방식으로
상호작용하는 총체적 맥락에서 물을 문제, 풀 문제이리.

학교 밖에서도 도처에 이런 식….
학교 안팎에서 사람들이 사람이길 방해….

아닌 사람이게 하고, 아닌 함께이게 하는 아닌 사람들….
그리고 아닌 세상들….

나와 네가 '상하'로 나뉘어 누르고 눌리며,
'자타'로 나뉘어 밀어내고 밀어내지는 함께….
'외적 크기' 속에서, 외적 크기로서, 외적 크기를 위해….

'외적 크기-만'이고 '나-만'인 함께는
밀어내고 밀어내지는 '중심주의 함께',
누르고 눌리는 '수직주의 함께'….

겉도는 함께, '나쁜' 따로함께, 비함께….

자신을 낳은 사람들이고 자신이 낳은 사람들인데

약한 노인을 학대하고, 약한 어린이를 학대하고….
같은 가족 안에서 더….

자신-을 낳은 사람들과 자신-이 낳은 사람들을
자신이 가두고, 굶기고, 때리고, 빼앗고, 욕하고,
나아가, 죽게까지 하고….

이미 다반사 된 느낌.

부인이 남편에 대한 생명보험을 몰래 들고;
자식이 부모에 대한 생명보험을 몰래 들고….

그리고 법망 몰래, 또, '자신 몰래'
남편이나 부모의 '있'는 생명을 '없'애고….

남편이나 부모의 생명을 위한 보험이 아니라,
남편이나 부모의 죽음을 위한 보험.

'위험 – 에서 보호'가 아니라, '위험 – 을 보호'…?

자신의, 자신들의 극악한 욕심을 위한….

경악(驚愕: 놀랄 경, 놀랄 악)할 일;
통탄(痛嘆: 탄식할 탄)할 일….

가족인가? 그럴 리 없음.
사람인가? 그럴 리 없음.

미래의 위험과 피해에 보호받는 일이 보험인데,
생명보험으로 자신을 낳은 사람들이나
자신이 낳은 사람들까지 죽임.

동거녀나 동거남과 함께….

말로는 살리는 일, 실제로는 죽이는 일.

그렇게 명실(名實)이 극명하게 갈림.
가장 반인간적이고, 그리하여 가장 반도덕적인
극악(極惡)의 '앎 함'이 아닐 수 없음.

'자신-만'의 '돈-만'이 전부이기 때문.
'자신-만'의 '욕심-만'의 '돈-만'이 전부이기 때문.

죽이는 보험 상품을 허용하는 사회적 전제들은 '외법';
이를 악용하며 죽이는 개인적 앎과 함은 '내법'…?

사람의 목숨을 내어주고,
대가로 돈을 돌려받는 끔찍한 보험 살인….

다른 사람들의 있-는 생명을 없-게 하여,
나의 없-는 돈을 있-게 하기;
남의 '있는 사람'을 없게 하여,
나의 '없는 물질'을 있게 하기….

유일 가치인 자신-만의 욕심-만을 위하여,
유일 가치인 자신-만의 물질-만을 추구….

가족이든 아니든,
다른 사람들은 아무런 의미도,
가치도 없다는 가치판단.

다른 사람들은 사람도 아님.

사람도 아니라는 사람들이야말로 사람일 리 없음.

아니, 자신이나 남들이 사람이든 아니든,
관심 없음, 상관없음.

다른 사람들이라지만, 가족이니 '많이 같은' 다름.

자신을 낳은 사람들이고 자신이 낳은 사람들이니….
아니면, 자신과 함께 사람을 낳는 사람이니….

겉-도는 함께, 겉-짓 함께, 겉-함께;
아닌 함께, 非함께….

결국은 '물질'의 '있음/없음'과 관련되는
'사람'의 '있음/없음'의 문제….

'자/타의 관계'에서 '물질의 유/무'와 관련되는
'사람 유/무'의 문제, 그리하여 사람 생/사의 문제….

물질의 유/무와 관련되는 사람 유/무의 방식을 묻는
윤리는 정치를 비켜 갈 수 없고;
사람의 유/무와 관련되는 물질 유/무의 방식을 묻는
정치는 윤리를 비켜 갈 수 없고….

그리하여 정치가 경제와 같이 말해지듯,
정치가 윤리와 같이 말해짐.

내가 전부가 아니라는 '나 비전(非全)',
그리고 돈이 전부가 아니라는 '돈 비전(非全)' 등의
'비전 운동'이 말해질 때?

붕 뜬 국가

국민들의 안전과 행복을 추구함이 국가의 일….

그러나 개개의 국민들보다 훨씬 강한 국가가
자주 개개의 국민들 위에 군림하려;
국민들이 맡긴 힘으로, 이 힘을 맡긴 국민들을
거스르고 지배하려….

그럴 때는 늘 공허(空虛: 빌 공, 빌 허)하게
혹은 반대(反對)로 말하는 국가….
즉, '언(言)-즉시공(空)', '언(言)-즉시반(反)'….

주권 없는 주권자라면, '언-즉시공'….

'민객'(民客)일수록 민주(民主)라면,
민-이 주인인 '민시주'(民是主)가 아닌, 민-의 주인인
'민지주'(民之主)가 민주(民主)라면 '언-즉시반'….

국가-에게 줄 때는 또렷해지는 국가;

국가-에서 받을 때는 희미해지는 국가라면….

결코 거스를 수 없는 의무들이지만,
여기저기서 새어나가는 권리들이라면….

그래서 반-국가란 말은 익숙하나,
'반-국민'이란 말은 생소…?

국가기관의 수사관들은 종종
'없'는 죄를 '있'는 죄로 만들어 냄.

국민이 맡긴 자리의 힘으로,
자신들의 잘못된 사욕을 위하여….

직접은 어려우니, '간접'으로,
공익(公益)의 '이름'을 통하여 사익(私益) 실현.

'이름'은 공익, 실제는 사익이니 '명실불일';
'겉'은 공익, 속은 사익이니 표리부동….

권력과 함께하고 그 자체가 하나의 권력인 '이름', '겉' 등
'간접'의 방법은 더하거나 빼고, 비틀거나 감추는 조작,
위장, 속임, 날조의 '유능한' 힘임….

무고(無辜: 허물 고)한 국민을 몰래 법망, '불법-망'에

걸려들게 하는 '非행'이 가능한 '非국'….

그렇게 하나의 무고한 국민과 그 가족들의 삶을
송두리째 망가뜨림.

'날'강도 같은, 그러나 잘 '익'힌 범죄….
간접은 눈에 띄지 않게 충분히 익히는 계기….

'날' 것을 자연스럽고 당연하게 보이게
조작하고 '익'히는 '간접'들, '사이'들, '매개'들….

하나의 간접이고 일종의 대리인 국정원의 과장은
B 씨에게 보상금을 미끼로 재판에서 '없'는 '날 사실'을
'있'는 '익은 사실'로 증언해 달라고 요구.
'날-익은 사실'로….

탈북자 A 씨를 간첩으로 '만들어 내기' 위하여….

날강도 같은 '非인' B 씨는 사욕과 무지, 비정(非情)에서,
없는 사실을 날로 지어내어 있는 사실로 진술.

부지런히 '전문가'들의 자문까지 받아가며
국가 보상체계에 최대한 부합하게….

B 씨의 반인륜적 허위 진술로, 반인륜적 수사관들은
자신들이 부추긴 허위 증언으로,

A 씨에게 허위 '자'백을 '강'요하여,
죄인을 만들어 내는 데에 성공.

강요받은 자백, 강제된 스스로….

허위 진술(述), 허위 증언(言), 허위 자백(白)….
다시, '언즉시공' 내지 '언즉시반'의 허(虛)와 위(僞).

몰래 훔치면 절도(竊盜: 몰래 절), 대놓고 빼앗으면 강도;
몰래 빼앗으면 '절-강도'?

기나긴 고통의 시간이 흐른 후, 운이 좋아,
법정에서 날조(捏造: 꾸밀 날)로 인정되기도….

하지만, 극심한 고초를 겪은 피해자들만이 또렷이 남고,
가해자들은 슬그머니 사라짐.

결국, 국가의 책임이 인정은 됐지만,
역시, 수사 검사들은 거의 처벌받지 않음.

수사관 두어 명도 기소는 되었으나,
솜방망이 처벌로 끝남.

자신들의 죄를 자신들이 정한다는 느낌….

법의 '그물'(罒)로 잡아들여야 할 '잘못'(非)이 죄(罪).

이른바 '유서 대필' 사건도
완전한 허위와 날조로 판명됨.

법원에서 오랜 시간 뒤에
최종, 무죄로 판결되지만, 풍비박산 난
피해자의 삶은 더이상 원점으로 돌아갈 수 없음.

국민들의 삶을 보호하고 행복을 증진해야 하는
국가기관이 조직적으로 날조해 그 정반대를 자행.

제주 4.3도, 광주 5.18도 그랬음.
물론, 다른 예들도 많음.

국민들이 믿고 위임한 힘으로, 국민들이 믿고 지급하는
급여로 국민들을 못살게 하고 못 살게 함….

그리하여 국민들을 못 믿게 함, 배신(背信)함;
그리하여 국민들이 믿지 못함, 불신(不信)함….

날조에 참여한 인원들은 처벌은커녕,
나중에 포상(褒賞: 기릴 포, 상 줄 상)까지 받음.

'반대의 말'일수록 국민들의 신뢰와 멀어짐,
국민들의 신뢰와 멀어질수록 더 '반대의 말'…?

그러나 국민들 스스로가 뽑아 맡겼으니, 일종의 자승

자박(自繩自縛: 노끈 승, 동여맬 박)이기도….
스스로-가 꼬은 새끼로 스스로-를 동여매는….

그럼에도 언론들은 고발, 감시, 비판, 견제는커녕,
가세하여 지울 수 없는 각인(刻印: 새길 각, 도장 인)만
남김….

그러고도 정정보도나 사과 한마디 없음.

언론(言論)이라지만,
'물'론('勿'論: 말 물) 속에 '무'론('無'論)만 있는….

공론(公論) 아닌 '공'론('空'論)은
토론(討論) 않고, 거론(擧論) 않는 'Un론'(언론).

받아적고 순종하며 '할 말'은 못 하고
'못 할 말'은 하는 언론은 'Un론'을 넘어,
무릎 꿇고 쓰러지는 '偃論'(언론: 쓰러질 언)….

언론을 장악하는 정치적, 경제적 힘들….
장악(掌握: 손바닥 장, 쥘 악)된 언론은
유구무언의 언론….
아니, 유구'곡(曲: 굽을 곡)언'의….

유력자가 함부로 하고, 못살게 하고, 못 살게 하니,

갑질 알기 / 그런 줄도 모르고,

'무력자'가 말 못 하고;
무력자가 말 못 하니, 유력자가 더 함부로 하고….

사리, 논리, 윤리, 정리(情理)를 비껴가는
물론(勿論), 무론(無論), 공론(空論), 'Un론'….

나아가, 사리, 논리, 윤리, 정리(情理)를
비틀며 무릎 꿇는 '偃論'(언론)….

유력자 '홀로'(獨) 맘껏 '재단하는'(裁)
'독-재'(獨-裁)에 눈 감거나 편드는
Un론 내지 偃論….

독재이니 Un론/偃論, Un론/偃論이니 독재.

유력자 홀로, 힘으로 함부로
시비를 가리키고 선악을 가르치는 독재.

예를 들어, 아버지의 꾸중에 해명하려 할 때,
'어따 대고 말대답이냐?' 혹은 '버릇없다!'는 큰소리를 들음.

아버지의 가치관이나 사고방식, 혹은
아버지의 이해(利害)와 이해(理解)에-만 근거하여
아버지 홀로 큰소리를 낼 때,
아들의 목소리는 작아짐, 아니, 기어 나오지도 못함.

옷감을 홀로 재고 마르는 독재는 독재자 '밖'의 사람들이나
독재자 '아래'의 사람들은 일을 잘못한다고 여기거나
안 하기를 바라는 것을 포함.

너는 생각하지 마?
너는 움직이지 마?

홀로 하는 독재는 나-만이 '안'(內)-이려는 배제요,
나-만이 '위'(上)-이려는 억압.

'밖'은 다름, '아래'는 약함.
'아는 함', '앎 함'에서 밖은 밖답게, 아래는 아래답게!
그러니까, 다름은 '다름-답게', 약함은 '약함-답게'!

같음과 강함이 다름과 약함을
밖으로 밀어-내거나 아래로 눌러-내려
'강한 같음'이 '홀로-함' 혹은 '홀로-임'이 독재….

독재는 힘-없는 너는 힘-있는 '나와 같아지라는' 것.

나와 같아짐은 나의 힘을 같이 나누는 같아짐이 아니라,
반대로 나의 힘을 '나-만 홀로 행사함에 동의하는' 같아짐.

그렇다면, 이는 '다름(2)을 계속 다르게 만드는 같음(2)'….

그렇다면, 수직분리의 다름, 수직분리의 같음.

직장 갑질

수많은 하청 노동자들이 반복적으로 죽어야 함은
기술이나 자본이 없어서가 아님.

무엇보다, 생명 보호의 필수 경비를 절약하고
생략함이 경쟁에서나 이윤 확대에 유리하다는 판단과
이런 생략을 수용하는 너그러운 법 규정이나 관습이
함께해왔기 때문….

그리고 그런 죽음을 마주하는 생략과 절약 속에서도
밥을 벌어먹어야 하기 때문….

'非인간', '非함께'로 이끄는,
법 없는 밥, '非밥'과 밥 없는 법, '非법'….
非법의 밥이 非밥, 非밥의 법이 非법….

법 없는 非밥이나 밥 없는 非법의 함부로는 갑질….
'무력인'들에 대한 '유력인'들의 제멋대로, 제맛대로….

'감히 어디서?'
'다 짤라! 해고야!'
'닥쳐, 이 xx야!'
'갑질 좀 하겠다. 꼬우면 네가 시의원 해라!'
'돈 받고 일하는 경비 주제에!'

'네가 주인이야? 종놈이, 내가 시키는데!'

갑질을 '약자에 대한 함부로'로 정의하면,
일반적으로, 언제나 어디서나 많이 갑질….
크든 작든, 보이든 안 보이든….

대부분은, 피해자든 가해자든,
갑질이 '아니라고 생각'하거나
갑질이지만 '괜찮다고 생각'해서,
아니면, '당연하다고 생각'해서….

아닌 게 아니고, 괜찮은 게 아니지만,
이런 생각들은 어디서 어떻게 생겨날까?

손님 갑질, 주인 갑질, 사장 갑질, 동료 갑질,
국가 갑질, 학교 갑질, 가족 갑질, 유치원 갑질….

시선 갑질도 있고, 미디어 갑질도 있고, 소속 갑질도
있고, 종교 갑질도 있고, 돈 갑질도 있고, 주먹 갑질도
있고, 성(性) 갑질도 있고, 자동차 갑질도 있고….

별별 갑질 중에, 물론, 직장 갑질도 있고….

정말 얻기 어려운 일자리들….
학교 입시든, 직장 입시든,
몇십 대 일, 몇백 대 일은 일상….

일자리가 생겨도,
갑질과 불통의 스트레스 인간관계와 무거운 업무로
버티기 어려운 일자리들.

일 자체도 어렵고,
일 관련 제도나 환경도 우호적이지 않지만,
물질이 먼저인 非인간의 '일자리 인간관계'가 훨씬 힘듦.
아니, '일자리 非인간 관계'가….

직장의 윗자리나 사장들은 종종
자신의 '자리'나 '소유'의 힘을 믿고,
'유관'한 약자들에게 '무관'한 사람들이라는 듯,
반말과 욕설, 큰소리로 무시하고 멸시함.

폭언과 함께 집어던지고 겁주고 구타하며
모욕하고 협박(脅迫: 으를 협, 핍박할 박)함.

심지어 부인이나 딸, 내연녀나 내연남들을 위하여,
사적인 심부름을 넘어 개인비서의 일까지 시킴.

'일 값'으로 '돈 주는' 사람들은 '돈 값'으로 '일 주는'
사람들의 '무물'(無物)과 '무력'(無力)을 이용하여
제 맘대로 무시하며 업무계약도 지키지 않음.

가하는 사람들은, 누구보다, 無법의 '법소인'들;
당하는 사람들은, 누구보다, 無밥의 '밥소인'들….

가해서 非인, 당해서 非인;
가해도 非인, 당해도 非인….

법 없어 함부로인 非인, '법-非인';
밥 없어 주눅드는 非인, '밥-非인'….

'정신 없어' 非인, '물질 없어' 非인…?

이런 非인들이 이런 非행들을
쉽게 가하고 당하는 세상은 아닌 세상, '非세'….

문제는 부당 해고나 업무배제, 무임금 등으로
밥줄을 흔들거나, 참기 어려운 멸시나 모욕,
나아가 구타나 협박으로 심한 자괴감이 들게 하여
非인으로 만드는 함부로, '非법'….

그러므로 어렵게 얻어낸 일자리건만,
일자리를 떠나기도, 혹은 일자리에서 자진하기도….

23년 7월 18일 방금도 한 초등학교의 한 새내기
교사가 힘 있는 학부모들의 갑질을 견디다 못해
자진(自盡: 다할 진)….
이후로도 이어지는 교사들의 자진….

그나마 일자리 안에서 끝내고 싶은
일자리 스트레스건만, 마음대로 안 됨.

일자리를 훌쩍 뛰어넘어 전철 안으로, 식당 안으로,
은행 안으로, 집 안으로 졸졸 따라다님.

자주 꿈에서도 나타남….

그러다가 자신이 병들기도 하고 남들을 병들게도 함.

혹은 이태원으로 몰렸다가 위정자들의 '저질 자질'로
참혹한 일을 당하기도 함.

같은 사람이지만

위아래로 나뉜 '수직 함께'에서,
어떤 의미에서는, '위'가 '아래'에 더 종속됨.

아래가 있고 나서, 그 위에 위가 있기 때문….
혹은, '밥'을 만드는 아래는 위가 없어도 살지만,
'법'을 만드는 위는 아래 없이 살 수 없기 때문….

이럴수록 — 존재론이든, 윤리학이든 —
반복하여 '위'가 먼저, '정신'이 먼저라며 강조.

'위-사람'들, '정신-사람'들이

자신들의 '약점 있는 특권'을 보강하기 위하여….

'위'나 '정신'에 붙들리기 쉬운 존재론, 윤리학;
그리고 '힘'에 붙들리기 쉬운 '앎'….

곡학아세(曲學阿世: 아부할 아)는
무엇보다 곡학아'세'(勢)…?
아니면, '곡법아밥'(曲법阿밥)…?

'힘 속의 앎' 속의 함….
'앎 속의 힘' 속의 함….
'힘, 앎' 속의 함….
그리고 '힘, 앎, 함' 속의 삶….

고대 중국의 백가 사상을 종합하는 고대 중국의
한 현자 순자(荀子)는 배 아래의 강물은 위의 배를
있게도, 없게도 한다고 했음.

강물이 먼저 아래에 있고 나서 배가 그 위에 있을 수 있으니,
배는 강물을 존중(尊重: 높을 존, 무거울 중)하며
'강물과 함께함이 좋을 것'이라는 의미.

물론, 여기서 위아래는 부자지간의 위아래가 아니라,
군신지간의 위아래, 사회적 지위에서의 위아래….

아래 강물의 있음이 먼저라 해도,

아래 아들의 있음이 아버지 있음보다 먼저는 아닐 터….
'같은 위아래'지만, '다른 위아래'….

힘과 앎, 함의 관계에서 부자지간의 위아래가
군신지간의 위아래를 닮아가고 따라감은
조금은 다른 문제….

충(忠)이 먼저이기 위한 효(孝)가 먼저라면,
진정, 무엇이 먼저?

'가정의 국가화'…?

사람을 살리는 사람이 '인자'(仁者)라는 맹자는
사람들은 불인자(不仁者)를 떠나 인자에게로 몰리므로
인자를 이길 자는 없다는 '인자무적'(仁者無敵)을 말함.

통치자인 내가 의지하고 함께할 수밖에 없는 '남들'….

이런 남들을 '못살게' 혹은 '못 살게' 하는 불인(不仁)과
불인(不人) 속으로 빠트릴 때, 나 역시 남들과 함께
'설 자리'나 '살 자리'를 잃을 수밖에 없다는 뜻.

남들을 밀어냄은 동시에 나를 밀어냄을 의미한다는 뜻.
순자와 같은 생각.

여기서 단수인 나는 윗자리의 나.
그러니까 복수인 남들은 아랫사람들….

아래의 복수 인민들, 위의 단수 인군.

'만'(萬) 양(羊)들과 맞-먹는 윗자리인 '일'(一) 군(君)이
하는 일이 순자의 '군'(羣: 무리 군) 개념.

'1 군(君)이 10,000 양(羊)을 다스리기'….

군(羣)하는 君의 1/10,000이 民(민)?
君은 民의 10,000배? '민만배' 君…?

'강물'과 '배'의 비유는 윗자리에 있으려면, 계속 위이려면,
혹은 계속 위/아래를 나누려면, 아래에 '잘하라'는 뜻.
백성들의 노동력이든, 노동의 산물이든, 혹은 생명이든,
'과도'하게는 빼앗지 않음이 '잘'.

힘-있는 위의 잘못은 빼앗는 일, 힘-없는 아래의 잘못은
가져다 바치지 않는 일, 도망가는 일, 죽는 일?

아니,
힘-없는 아래의 잘못은 어차피 많이 따질 일이 못 됨.
그리 쉽게 일어나는 일들은 아니니….

위의 잘못이 없으면, 위도 살고 아래도 살고,
위도 있고 (존재하고) 아래도 있고(존재하고)….

'아래가 있어야 위 있음'이니,

'유하유상, 무하무상'(有下有上, 無下無上)…?

아래가 '있을 때 잘해!'?
위로 더 '있으려면 잘해!'?

아래와 함께 위로서 잘 살려면,
잘 알고 잘해!

'있음', '앎', '함'의 작용맥락이니,
(사회적) 존재론, 인식론, 윤리학의 상호작용 맥락….

'아는 함, 하는 앎'을 말하는 이 사람들에게
위아래가 다 같은 사람, 같은 존재;
그러나 힘의 크기에 따라
위아래로 나뉘는, 아니, 나뉘어야 하는 같은 존재.

그런 '같음'은 '수직 같음'.
일종의 '따로함께' 혹은 '다른 같음'….

그러나 혹은 그러니
수직주의의 따로함께2 혹은 '다른(2) 같음2'….

사람은 같은 사람이되, '정말로 같은' 사람은 아님….
'수평 같음', 같음1은 아님….

많이 다른 지금일까?

2장. '아닌 사람'들

- '아닌 사람'들 넷
- '못 미치는' 아닌 사람, '넘어서는' 아닌 사람
- '밥소인', '법소인'
- '작은' 사람, '없는' 사람, '아닌' 사람
- 아니라는 부정, 아닌 것이 아니라는 부정
- 물질도 없고 사람도 없고
- '법대인'
- '밥대인'

'아닌 사람'들 넷

어떤 식으로든, 세상의 만물은 서로 만나 이어져
함께 움직이고 움직여지는 관계망 속에 있음….

세상에 타자들로부터 완전히 분리되고 고립된
사물이 없다면, 세상의 만물은, 직접이든 간접이든,
서로 만나 이어지는 함께일 수밖에….

그 가운데 물질과 정신의 존재인 사람들은
다양한 종류의 '밥'과 '법'을 다양한 방식으로 찾아
만들어 다양한 방식으로 나누고 소비하면서 살아감….

사람들, 사물들과 만나 함께하는 사람들의 삶을 위해
확보하는 물질적 전제들을 대표하여 '밥'이라 이름하고,
정신적 전제들을 대표하여 '법'이라 이름하려 함.

조금 좁힌다면, 법은 사람들이나 사물들과 만나
관계하고 소통하는 '좋은' 방식들의 총합이리.

어떻게 좋은지, 누구에게 좋은지, 정말 좋은지 등은
일단 논외로….

만나-는 주체나 만나-지는 대상들이 함께 움직이는
상호관계 속에 소통하는 '좋은' 방식들 역시,

2장. '아닌 사람'들   61

좋든 싫든, 알게든 모르게든, 늘 변화하는 중….

물질적인 밥과 정신적인 법에서 그때그때 '필요한'
만큼은 함께 만들어 나누며, 가지고, 쓰면서 '평범하게'
살아가는 사람들은 일반적으로 자타의 삶에
별 탈이 없는 보통의 사람들….

'필요', '평범', '탈' 등의 내용이나 방식은
그때그때의 '세상 됨됨이', '사람 됨됨이'에 따라
유동적일 수밖에….

세상에 무해무득한 평범한 삶을 사는 사람들이 '아닌
사람'들을 '대소'의 축과 '내외'의 축으로 분류해보면,
일단은 네 종류가 말해질 수….

우선, 대소의 축으로 나뉘어 생긴 '대인'과 '소인'.

이들이 내외의 축으로 다시 나뉘어,
'외적 소인', '외적 대인', '내적 소인', '내적 대인'….

'외적 크기'는
무엇보다 소유의 크기, 밥(물질)의 크기를 나타내고;
'내적 크기'는
무엇보다 생각의 크기, 법(정신)의 크기를 나타냄.

<'아닌 사람'들 넷>

대소 축 내외 축	소 (부자유)	대 (자유)
외(가진 밥)	외적 소인(**밥소인**)	외적 대인(**밥대인**)
내(가진 법)	내적 소인(**법소인**)	내적 대인(**법대인**)

이런 개념들은 사람들이 다른 사람들이나 사물들과
물질적으로나 정신적으로 늘 만나 소통하며 움직이는
관계망 속에 함께 사는 모습들을 하나의 방식으로
'같이 달리, 달리 같이' 묻고 생각해 온 한 결과….

이런 개념들은 우리가 우리의 삶을
'돌'아 보고, '둘'러 보고, '들'여다 보고, '내'다 보면서
더 묻고 더 생각하는, 그리하여 더 밝히는
한 근본적인 계기일 수 있으리.

우리의 사람 크기, 세상 크기가 상호작용하는
맥락 속의 삶의 크기와 관련하여….

'못 미치는' 아닌 사람, '넘어서는' 아닌 사람

같은 '아닌 사람'들….

그러나
외적 소인, '밥소인'들은
가진 밥의 크기에서 (특별히) 작은 부자유인들;
내적 소인, '법소인'들은
가진 법의 크기에서 (특별히) 작은 부자유인들.

그리고
외적 대인, '밥대인'들은
가진 밥의 크기에서 (특별히) 큰 자유인들;
내적 대인, '법대인'들은
가진 법의 크기에서 (특별히) 큰 자유인들.

대인들은 세상 크기나 사람 크기를, 어떤 식으로든,
'홀로' 많이 좌우할 힘이 있는 사람들….

특히, 법대인들은 '앎'(지식)과 '함'(행위)의
깊이, 넓이, 높이에서 '특별한' 수준에 이른 사람들….

밥소인, 법소인들은
많이 '못 미쳐서' 세상의 보통인들이 아닌 사람들;
밥대인, 법대인들은
많이 '넘어서서' 세상의 보통인들이 아닌 사람들….

'못 미쳐서 아님'의 非범인들, 非보통인'들;
그리고 '넘어서서 아님'의 非범인들, 非보통인들….

이들 네 크기 사람들의 외연이나 구성 비율은
시대나 시각, 나아가, 필요에 따라 신축적….

또, 두 크기, 네 크기들이 순수한 형태로 따로
존재하기보다, 다양한 방식으로 섞여 존재하는
'다중 크기'가 현실에 더 부합….

그런데
밥 크기를 중시하는 밥대인이 법소인이고,
법 크기를 중시하는 법대인이 밥소인인
경향은 있는 듯….

'밥소인', '법소인'

세상의 '많은 작은' 사람들, '못 미쳐서 아닌' 소인들이
세상의 '적은 큰' 사람들, '넘어서서 아닌' 대인들보다
문제이리.

'못 미치는 아님'의 밥소인, 법소인들이 양에서 '많은'
사람들이고, 질에서 소외된 '작은' 사람들이기 때문….

밥 크기에서 작아 '아닌 사람'들, 밥소인들은
그날그날 밥벌이의 맥락에 크게 붙들려

'사회적 행동 능력'이 상대적으로 작은 사람들….

그리하여 진정 사람이기, 함께이기,
그리하여 진정 자신이기가 어려운 부자유인들….

밥소인들은 저녁 초대나 데이트, 학교나 병원,
글 읽기나 글쓰기, 그리기나 음악회, 여행이나 탁구 혹은
자선이나 성찰을 위한 돈도, 시간도, 경우에 따라선,
시각(視角)도 빠듯하여 많이 부자유….

밥소인들은 남들이나, 나아가선 자신들에게도
쉽게 부정되는 '아닌 사람'들이기 때문에도 부자유….

'너는 아니다!'라는 남들;
'나는 아니다!'라는 나들….

밥소인들은 '작은 세상'의 '작은 사람'들 가운데,
특히, 법소인들에 의해 쉽게 '밖'으로 밀리고
'아래'로 눌리는 소외자요 부자유인들….

밥소인들이 많거나 밥소인들을 많게 하는 세상은
물론 '작은 세상'.

그리고 나누며 함께하는 삶에서
자신의 사욕과 편견에 크게 빠져,
'나-만이 있고 남들-은 없는',

혹은 '나의 것 – 만이 있고 남들의 것 – 은 없는' 사람들이
법소인들….

법소인들은 소통하며 함께하는 세상에서
온통 자신 – 만의 생존이나 영달을 생각하고 추구하는
'생각 경화'나 '행동 경화'의 사람들….
그 밖에는 '보이는 게 없고, 들리는 게 없음'….

법소인들은 그리하여 외물들이나 외적 크기에
크게 얽매이고 좌우되어 부자유;
남들이나 자신의 비난이나 저항을 사서 부자유….

반대의 여론은 자신에 대한 남들의 비난과 저항;
양심의 가책은 자신에 대한 스스로의 비난과 저항….

법소인들이 많은 세상도 '작은 세상'.

외적 소인, 밥소인들이나 내적 소인, 법소인들은
이렇게 외적 크기나 내적 크기에서 '특히 작아'
사람 – 답기, 사람 – 같기 어렵거나
자유롭기 어려운 사람들….

이들 밥이나 법에서 작은 사람들은
– 서로 다른 방식으로 –
'뜬 움직임'의 부동(浮動: 뜰 부)과
'따라 같아짐'의 부동(附同: 붙을 부) 속에

'움직임 없음'의 부동(不動)과
'같지 않음'의 부동(不同)으로
소외되는 사람들….

이들 '4 부동'의 아닌 사람들은
진정한 함께이기도, 진정한 나이기도 어려운
소인(小人)들, '세인'(細人)들….

'작은' 사람, '없는' 사람, '아닌' 사람

법에서 작아 아닌 사람들은
특히, 밥에서 작은 사람들을
아닌 사람들로 보거나 대함.

혹은 법에서 작은 아닌 사람들은
'있는 사람들'을 '없는 사람들'로 보거나 대함.

법소인들에게는, 가진 물질이 없으면 있는 사람도
덩달아 없어지니 '물무인무'(物無人無: 만물 물);

가진 물질이 작으면 작지 않은 사람도
덩달아 작아지니 '물소인소'(物小人小)….

요컨대, 없으면 없음, 작으면 작음.

본래, 안 먹고는 못 사는 법이니,
없어 작은 사람들, 혹은 없어 작은 삶들이 문제….

개인들의 문제, 사회나 세상의 문제….

정치적-윤리적 내지는
윤리적-정치적 공동체 삶 영위의 문제….

결국은 힘, 앎, 함의 '소통문화 3요소'가
얼키설키 영향을 주고받으며 작용하는 맥락에서….

무엇보다, '힘'의 이해(利害)관계와
이와 이어지는 '앎'의 이해(理解)관계 속에….

이렇게 법의 크기에서 작은 법소인들은 밥의 크기에서
작은 밥소인들의 사람 크기를 밥의 크기로만 재면서
'작다!', '없다!', '아니다!'라고 판단하며 무시함.

그리하여 '작은 사람' 小人, '없는 사람' 無人,
그리하여 '아닌 사람' 非人이 다양한 공간들에서
다양한 방식들로 말해짐.

아니, 밥(물질) 크기에서 (상대적으로) 작은
밥소인들을 바로 '작다!', '없다!', '아니다!'라고
판단하며 무시하는 사람들이 바로 법소인들….

예를 들어, 옷 크기에서, 차 크기에서….

이런 판단들이,
공감하고 배려하여 '잇는 나눔1'의 방향에서가 아니라,
무시하고 배제하여 '끊는 나눔2'의 방향에서 나옴.

공감하고 걱정하고 배려하는 '나눔1'의 방향에서라면,
오히려 법대인.

가진 소유나 오른 지위 등 외적 크기로만 판단하며,
'인' 사람들을 '안-인' 사람들로 여기고 대하는 사람들이
바로, 아닌 사람들, 법에서 아닌 사람들, 법소인들….

밥이 없는 밥소인도 동시에 법이 없는 법소인일 수….

밥 크기에서는 큰 법소인들을 '따라' 밥소인들도
알게 모르게, '덩달아' 밥소인들을 아닌 사람이라고
무시하며 밖으로 밀어-내고 아래로 눌러-내릴 때는,
밥도 작고 법도 작은 '밥소법소인'….

집단이나 계층, 계급 등의 차원에서 갑질을 당하는 이들이,
개인적인 차원에서는, 상대적 강자가 되어
상대적 약자들에게 갑질을 가할 때,
이들은 일종의 '밥소법소인'….

법소인들은 함께하는 밥소인들의 밥 없음에 주목하여
공감하고 '유시'(有視)하며 밥을 나누면서 함께하는
것이 아니라, 개인의 잘못이라고 생각하면서
무시(無視)하며 눌러-내리고 밀어-냄.

'아래-사람'들을 만들어 내는 눌러-내리기;
'바깥-사람'들을 만들어 내는 밀어-내기….

그리하여,
동시에, '위-사람'들을 만들어 내는 눌러-내리기;
동시에, '안-사람'들을 만들어 내는 밀어-내기….

본래가
'위-사람'들을 만들어 내기 위한
'아래-사람'들 만들어 내기,
'안-사람'들을 만들어 내기 위한
'바깥-사람'들 만들어 내기임.

구체적인 힘, 앎, 함의 소통문화 요소들이
일정한 방식으로 상호작용하는 맥락 속에,
사람들은 '위-아래'로 그리고 이것의
'많이 파생물'인 '안-밖'으로 끊임없이 나뉘면서,
불통 속으로 들어가 불통 속에 '따로함께' 겉돎.

아니라는 부정, 아닌 것이 아니라는 부정

무물(無物)이라서 아닌 사람, '非인';
'무물인'을 무시해서 아닌 사람, 非인.

당하는 자, 가하는 자 모두 非인.

밥이 없는 非인, '밥-비인'은 밥소인;
非인이게 하는 非인, 법이 없는 '법-비인'은 법소인.

밥이 있고, 법이 있는 온전한 사람이
'아니니' 아닌 사람, '아니게 만드니' 아닌 사람….

밥소인들은 '가진 밥'이 없어
무시나 부정을 '당하는' 아닌 사람들;
법소인들은 '가진 법'이 없어
무시나 부정을 '가하여 당하는' 아닌 사람들….

'당하는 아님', '가하여 당하는 아님'.

법소인들은 사람이 가진 밥이 없다고
사람이 아니라고 무시하고 부정하므로,
사람들에게 가진 법이 없어 사람이 아니라고
무시당하거나 부정당하는 사람들….

72 갑질 알기 / 그런 줄도 모르고,

밥이 없는 사람을 사람이 아니라는 사람은
법이 없어 사람이 아니라는 것.

밥소인들은, 특히, 강한 남들에게
사람이 아니라고 부정-당하는 사람들이고;
법소인들은, 특히, 약한 남들을
사람이 아니라고 부정-하는 사람들….

부정-당하는 아닌 사람들,
부정-하는 아닌 사람들….

법소인의 밥소인 부정은 부당하기에,
세상에서 다시 부정당할 수….

밥이 없다고 부정하는 자를 법이 없다고 부정;
밥소인이라며 부정하는 자를 법소인이라며 부정.

아니라며 부정하니, 아닌 것이 아니라며 부정.

밥소인이 밥이 없어 사람 아님은 부당한 아님;
법소인이 법이 없어 사람 아님은 정당한 아님…?

억울한 아님, 억울할 것 없는 아님…?

물질도 없고 사람도 없고

밥을 직접 만드는 밥소인들….
직접 만들지만, 작은 밥, 없는 밥….

밥이 없어 불안하고 서러운데,
더하여 사람까지 없이 여겨지고 대해짐.

'무물'(無物)이고 그 결과 '무인'(無人)이니,
물질이 없는데 사람도 없음임.

혹은, 밥이 없는데 법도 없음임.
사람으로 여겨지고 대해지는 법도 없음임….

이중으로 없어 억울.

밥도 없고 법도 없어 사람 없음이니,
자주 동물만도 못하고 기껏 사물이나 도구일 뿐….

그러니 남들이나 자신을 무시하여
마침내는 남들이나 자신을 죽이기까지….

밥을 직접 만들어 내는 사람들이 더 밥소인이듯,
법을 직접 만들어 내는 사람들이 더 법소인인 듯….

자신이 만들어 낸 밥으로부터 따로인 밥소인,

74 갑질 알기 / 그런 줄도 모르고,

자신이 만들어 낸 법으로부터 따로인 법소인…?

그런데,
예를 들어, '공부 공화국' 대한민국에서
공부를 잘못하여 밥소인?

공부가 사람 크기를 크게 결정하여,
밥 크기를 크게 결정?

아니, 공부가 밥 크기를 크게 결정하여,
사람 크기를 크게 결정?

그럴지라도,
공부를 잘못하여 점수가 적고 등수가 많은 잘못이
개인-만의 잘못이고 자신-만의 잘못?

그럴지라도,
물질이 없는데 사람도 없어
이중으로 없-어야 할 만큼의 잘못?

그럴지라도,
열 배, 백 배, 천 배로 작-아야 할 만큼의 잘못?

혹시, 남들에게 '물질 없게 함'의 부당성을 만회(挽回: 당길 만, 돌아올 회)하려는 '사람 없이 봄', 무시?

자신에게 '물질 있게 함'의 부당성을 안 보이게 하거나
정당화하는 '사람 없이 봄', 무시?

안 보이게 하는 안 보기?
부당성 안 보이게 하는, 사람 안 보기….
알고든 모르고든….

밥소인들이나 법소인들은
'사람 없음', '사람 아님'의 '잘못'을 당하거나 가하면서
사람이기가 어렵거나 사람이기를 어렵게 함.

사람이 아니거나 사람이 아니게 함;
그리하여 아닌 사람이거나 아닌 사람이게 함.

사람이기 '어렵지 않게 하기' 혹은
사람이 '아닌 게 아니게 하기'의 내적, 외적 전제들을
구체적으로 물어 밝혀, 구체적으로 실현해가는
구체적인 계기들이 함께 물을 문제, 풀 문제….

'법대인'

밥소인, 법소인들은
밥대인, 법대인들은 물론, 세상의 평범한 사람들의

사람 크기, 삶 크기에 '크게 못 미쳐' 아닌 사람들.

그리고 밥대인, 법대인들은
밥소인, 법소인들은 물론, 세상의 평범한 사람들의
사람 크기, 삶 크기를 '크게 뛰어넘어' 아닌 사람들.

밥대인, 법대인들은 세상의 '많은 작은' 평범한 사람들이
'특별히 아닌', 세상의 '적은 큰' 사람들.

밥대인들은, 문자 그대로, 밥(물질)의 크기에서
특별히 큰 (많이) 자유인들.

그리고 법대인들은 — 윤리나 정치의 차원 혹은
개인이나 사회의 차원에서 — 세상의 사람들이나
사물들과 '잘' 만나 소통하는 삶의 '좋은' 방식들인
법(정신)의 크기에서 큰 (많이) 자유인들.

법대인들은 앎(知)과 함(行)의 깊이, 넓이, 높이에서
더 보고, 더 묻고, 더 알고, 더 할 수 있어 '특별한'
수준에 이른 '(특별히) 적은 (특별히) 큰' 사람들.

이들 외적, 내적 대인들의 큰 '非-보통인'들,
非-범인들 중에서 — 세상의 평범한 사람들의 사욕과
편견을 크게 넘어 — '내적으로 큰' 앎과 함의 사람들이
자고로 그리고 동서남북으로 사람다움의 이상으로
더 물어져 오고 더 말해져 왔음.

고래로 법대인들은 아주 소수.

'어진' 현자(賢者), '성스런' 성인(聖人),
'이룬' 성인(成人), '참된' 진인(眞人), '넘어선'
위버멘쉬(Übermensch: 초인) 등 내적 크기에서의 대인,
법대인들은 세상의 '많은 작은' 일반 사람들이 생각하고
행동하며 사는 방식과 수준을 크게 초월.

법대인들은 어떻게 보면, 일종의 '딴 세상'에서
일종의 '딴 사람'으로 일종의 '딴 삶'을 살며
자유자재(自由自在)하는 자유인들, '자재인'들.

법대인들은 세상의 물적, 인적 외물들에서
많이 자유로워 '역물'(役物: 부릴 역)이 가능….

그리하여 '외물'들에 좌우-되지 않고 오히려 외물들을
좌우-하는, 그리하여 더 '자신'일 수 있는 자유인들.

이들은 세상 속의 자신을 많이
'돌'아 보고, '둘'러 보고, '들'여다 보고, '내'다 보면서
외물들 속의 자신을 많이 물어 성찰하고 찾아,
세상 속의 자신을 많이 '알'고 많이 (실현)'하'는
'많이 자유인', '많이 자재인'들이자,
세상 속의 남들, 다름들을 그리하여
많이 이해하고 공감하는 '많이 함께인'들.

법대인들은 세상 '안'으로 붙어 들어가
이해하고 공감하며 함께할수록,
세상 '밖'으로 떨어져나옴….

들어갈수록 나올 수 있고,
나올수록 들어갈 수 있음….

기존의 세상 크기, 사람 크기에서 자유로운 자유자재는
'밖일 수 있는 안'이고 '안일 수 있는 밖'의 경지.

어찌 보면,
법대인들은 그리하여 '큰 같음', '대동'(大同) 속에
'큰 다름', '대이'(大異)일 수 있고,
큰 다름, 대이 속에 큰 같음, 대동일 수 있어,
운신(運身)과 '운심'(運心)의 폭이 큰 사람들….

그리하여, '같을(l) 수 있는 다름1',
'다를(l) 수 있는 같음1'의 큰 사람들….

그리하여, 세상과 '큰 함께'인 속에서도
따로 '진정한 자신'일 수 있고,
따로 진정한 자신인 속에서도
세상과 큰 함께일 수 있는,
'너 있는 나'와 '나 있는 너'의
'여는' 사람들, '열린' 사람들….

'밥대인'

이에 비해,
세상의 억만장자나 갑부 등의 외적 대인, 밥대인들은
물질을 '특별히 많이' 사랑하고 소유함.

양(量)의 시대(Era)에 양의 사람, '양인'(量人)?
물(物)의 시대에 물의 사람, '물인'(物人)?
혹은, 물량(物量)의 시대에 물량의 사람,
'물량인'(物量人)?

근현대의 밥대인들은
자본주의의 거대한 톱니바퀴 속에 갇혀,
운신과 운심의 폭이 많이 제한됨.

그렇지만, 물질적으로 자타의 삶을
크게 좌우할 수 있는 많이 자유로운 사람들….

이런 자유가 인적, 물적 타자들의 존재나 자유를
인정하고 촉진하지는 못할망정, 방해하지는 '않-은'
자유라면 일단은 무방(無妨: 방해할 방)하리.

이런 자유가 인적, 물적 타자들의 존재나 자유를
인정하고 촉진하지는 못할망정, 방해하지는 '않-는'
자유라면 일단은 무방하리.

이런 자유가 인적, 물적 타자들의 존재나 자유를
인정하고 촉진하지는 못할망정, 방해하지는 '않-을'
자유라면 일단은 무방하리.

그러나,
경쟁 속에서 자연과 인간을 '통하여'
상품을 생산, 유통하여야 이윤을 내는 자본들이
사람에, 세상에 무방이기는 구조적으로 어려운 일.

그럼에도,
자본들의 거대한 시스템의 논리에
쫓기듯이 좌우되는 이들의 자유에서
세상의 많은 밥소인들에게, 경우에 따라서는,
하나의 힘이 될 여지가 생겨날 수도….

한편,
대소의 축은 내외의 축과 조금도 비례하지 않기에,
외적 크기에서의 대인은
내적 크기에서는 '얼마든지' 소인일 수도 있고;
외적 크기에서의 소인은
내적 크기에서는 '얼마든지' 대인일 수도 있고….

따라서, 외적 크기에서의 자유는
내적 크기에서는 '얼마든지' 부자유일 수도 있고;
외적 크기에서의 부자유는
내적 크기에서는 '얼마든지' 자유일 수도 있고….

따라서, 밥대인이 최고의 법소인일 수도 있고;
역으로 법대인이 최고의 밥소인일 수도 있고….

물론, 밥대인이 동시에 법대인일 수도 있고,
법대인이 동시에 밥대인일 수도 있고;
또 밥소인이 동시에 법소인일 수도 있고,
법소인이 동시에 밥소인일 수도 있고….

밥소인들이 동시에 법소인들이기도 할 때는,
예를 들어, 밥에서 작은 사람들이
더 작은 사람들을 무시하고 함부로 대하거나
큰 사람들을 '을질'로 대할 때이리.

혹은, 밥소인들이
남들이나 자신의 법이나 권리, 인격이나 인권을
감안하거나 주장할 능력이나 기회가 적을 때이리.

그리하여 네 크기에서 계속 파생되는 사람 크기로
'밥소법소인', '밥소법대인', '밥대법소인', '밥대법대인'
등이 더 말해질 수도….

아니면, 밥과 법을 빼고 그냥, '소소인', '소대인',
'대소인', '대대인'…?

오늘 타계한 피니(Ch. F. Feeney)는 '밥대법대인'….

'밥소법대인'이나 '밥대법소인'은 — 서로 현격히 다른
방식으로 — 일종의 '자유로운 부자유인'…?

따라서 세상 크기, 사람 크기에서 — 밥대인,
법대인까지는 아니라도 — '밥 있는 법, 법 있는 밥'이
말해짐.

많은 법들이 소수 강자의 말은 적극적으로 듣고,
다수 약자의 말은 소극적으로 들음.

부실한 법, 잘못된 법, 非법.
부실한 행위, 잘못된 행위, 非행.

그러니 아닌 사람들, 아닌 함께들이
생겨나고 또 생겨남.

아닌 사람들, 아닌 함께들을 만들어 내는
아닌 세상들;
아닌 세상들을 만들어 내는
아닌 사람들, 아닌 함께들….

밥 크기, 법 크기로 사람들을 나눔은
이것이 역사적으로 사람들이 물어온, 그리고 물어갈
사람 크기, 삶의 크기, 따라서 세상 크기에
결정적(entscheidend)이기 때문이리.

3장. 사람 그리고

- 다 나, 다 너
- 홀로의 나는 본래 없음
- 다 입, 더 입
- 사람이기 위해
- '이 아님'에서 '저 아님'
- 들어-오지 마, 올라-오지 마
- 세상다울 때 사람, 사람다울 때 세상

다 나, 다 너

보기에 따라, 나도 너, 너도 나.
네가 보면, 너는 나, 나는 너.

너도 나이니, 어찌 보면, 다 나.
나도 너이니, 어찌 보면, 다 너.

나-'만' 사람은 아님.
나-'도' 사람, 너-'도' 사람.

그리고 우리들-만 사람은 아님.
저들-도 있고, 그들-도 있고….

또 다른 우리들. 저들, 그들….
또 다른 사람들. 저들, 그들….

그리고 사람들-만 존재는 아님.
사물들-도, 동식물들-도 다 존재….

나-만이 아닌, 너-도….
이-만이 아닌, 저-도….

너 있어 나 있는 '너有나有';

너 없음, 나 없는 '너無나無'….

저 있어 이 있는 '저有이有';
저 없음, 이 없는 '저無이無'….

다름(異: 이) 있어 같음(同: 동) 있는 '이有동有';
다름 없음, 같음 없는 '이無동無'….

역지사지면, '역지시(視)지', '역지감(感)지'면;
불편불의(不偏不倚: 치우칠 편, 기댈 의)면;
그리하여 객관이고 중립이면,
혹은 '열음'이면,

너도 나, 저도 이, 이(異)도 동(同)….
혹은 나도 너, 이도 저, 동(同)도 이(異)….

만물의 있음/없음, 같음/다름에 관련된 '앎'과 '함'에서,
밀어냄의 '만'이 아닌 끌어들임, 관용과 포용의 '도'….

道(도)일까?
있을 길, 살 길, 갈 길….
크게 보면, 있는 길, 사는 길, 가는 길도 道, Hodos….

표지 그림에서 'ㄷ+ㄴ'은 '다'일 수도, '도'(道)일 수도.
다일 때, 도; 도일 때, 다….
다일 때, 더(ㄷ+ㄱ); 더일 때, 다이듯….

홀로의 나는 본래 없음

늘 움직이고 있는 만물은
다른 존재들을 만나면서 떠나고,
떠나면서 만나는 중….

떠남은 늘, 만남 '속'의 떠남이고,
만남은 늘, 떠남 속의 만남이고;

따로는 늘, 함께 속의 따로이고,
함께는 늘, 따로 속의 함께이고….

시각에 따라, 만남 자체가 떠남, 떠남 자체가 만남….

능동이든 피동이든, 늘 인적, 물적 타자들을
만나 상대하고 관계하며 나누고 소통하는
사람 삶의 맥락(脈絡, Zusammen-hang: 이을 락)….

홀로의 삶, 홀로의 나는 본래 없음.

늘 물적/인적 전제들, 조건들 속의 나….
늘 물적/인적 환경들, 상대들 속의 나….

사물의 있음과 없음, 사람의 있음과 없음은

'밥'과 '법'이 물어지고 말해지는 기본 근거….

'사물 유/무', '사람 유/무'에 대한 이런 물음의 맥락은
아르케(Arche)와 아레테(Arete), 혹은 도(道)와 덕(德)을
묻고 말하는 철학하기 전통의 한 계속…?

'만물 존재의 시원(始原)' 아르케 그리고 '사람 존재의
탁월성' 아레테; 자연(Natur) 그리고 사람(Kultur)….

물/물(物/物), 인/물(人/物), 인/인(人/人) 등의
관계망에서 '사람같이, 다같이'로 향하는
'더 밥', '더 법'….

만물(萬物) 속의 일물(一物) 사람….

그런데, '탁월한' 더 사람으로, 더 나로….
'탁월한' 더 세상, 더 함께 속에….

나의 인적, 물적 상대들, 전제들이 나의 삶에 직접,
간접으로 영향(影響: 그림자 영, 울릴 향)….

다양한 모습이나 방식의 긴장들 속에
나와 '나바'(만물에서 나를 뺀 나머지) 사이,
혹은 나와 나 속의 또 다른 나 사이의
'소/불통' 관계들의 앙상블이 나의 한평생….

나-'와' 엄마, 아빠, 공기, 땅, 물, 밥, 건물, 하늘, 불,
말(言), 친구들, 선생님들, 기후, 대통령들, 소유, 역사,
돈, 가치관들, 주변국들, 또 다른 나, 쌀, 전쟁, 질병,
문화, 쓰레기, 방송국들, 책, 자동차, 성(性), 외국어들,
석유, 신들, 생각들, 사장들, 시장들, 도로들, 놀이, 관습,
민법, 형법, 교회, 술, 노래….

아니, 이들-'과' 나….

이들과 어떤 관계든, 어떤 소/불통이든,
나 아니기 쉬워, 나 없기 쉬워 늘 아슬아슬….

너를 통하여 더 나이고,
나를 통하여 더 너인 길들은…?

우리를 통하여 더 나이고,
나를 통하여 더 우리인 길들은…?

사람을 통하여 더 자연이고,
자연을 통하여 더 사람인 길들은…?

따로일수록 함께일 수 있고,
함께일수록 따로일 수 있는 길들은…?

다름일수록 같음일 수 있고,
같음일수록 다름일 수 있는 길들은…?

다 입, 더 입

먹어야 사람.
말해야 사람.

먹을 때 사람.
말할 때 사람.

밥을 먹는 입, 들이는 입.
법을 말하는 입, 내놓는 입.

밖에서 배로 들어오는 물질, 밥.
밖과 머리에서 생겨나는 정신, 법.

밥을 좌우하는 법, 법을 좌우하는 밥….

삶의 밥을 들이고, 삶의 법을 내는 소통의 길목,
맞−남과 떠−남의 플랫폼, 입….

사람의 입은 사람 존재의 문.

사람의 존재를 열어주는 문;
사람의 삶으로 인도하는 문….

사람의 입은 다 입이어야….
사람의 입은 다 먹고 말해야 하는 입.

사람의 입은 더 입이려….
사람의 입은 더 먹고 말하려는 입.

'다 입'은 '다 사람'의 기본;
'더 입'은 '더 사람'의 기본….

어떤 방향, 어떤 방식의 '다'…?
예를 들어, 차별(差別) 없음, '無-차별'의 다.

어떤 방향, 어떤 방식의 '더'…?
예를 들어, 차이(差異) 있음, '有-차이'에 더.

일반적으로, '수직의 차별'이 없는 무-차별의 '다',
'수평의 차이'가 있는 유-차이의 '더'라면;

무-차별 속에 '큰 같음', 대동(大同)과
유-차이 속에 '큰 다름', '대이'(大異)의 방향이라면;

다 함께/더 함께, 다 존재/더 존재,
다 생각/더 생각, 다 가치/더 가치,
다 밥/더 밥, 다 법/더 법….

'다/더'의 구체적인 방향이나 방법들은 각 공동체가

그때그때에 맞게 합리적이고 민주적으로
함께 물어, 찾아, 열어갈 수 있으리.

하나의 도그마나 교조에서처럼
완성된 정답(正答)과 정답(定答)을 미리 정한 후,
금과옥조로 이용하고 적용하는 방식이 아니라….

서로의 귀한 다름들에 서로가 열고 열리면서
'수평 함께' 속에 '같이 달리, 달리 같이'(同而異, 異而同;
一而二 二而一) 최적의 방향으로….

사람이기 위해

'사는 존재', '살아야 할 존재'인 '사람'.
밥 없고 법 없어 불통이고 非인일 때, 불안….

자신의 안이나 밖에서,
자신의 삶에 좋은 것들, 있을 것들, 없어 불안;
자신의 삶에 나쁜 것들, 없을 것들, 있어 불안….

자신의 삶에 좋은 것들, 있을 것들,
없다고 생각하여 불안;
자신의 삶에 나쁜 것들, 없을 것들,
있다고 생각하여 불안….

다 같은 사람의 다 같은 입인데;
다 같은 사람의 다 같은 입이어야 하는데….

밥 못 먹는 입들도 있고,
말 못 하는 입들도 있고;

'밥 못 먹게' 하는 힘들도 있고,
'말 못 하게' 하는 힘들도 있고….

'알지 못 하게' 하는 힘들,
'생각 못 하게' 하는 힘들 속에….

그러니, 유구무언, '유구무식(無食)'.
무언(無言), 무식(無食)의 입, 아닌 입, '非입'.

있는 입이 없는 입….
물리에서는 있는 입, 심리에서는 없는 입…?

'입 있는' 유구(有口)라도 '밥 없는' 무식(無食)이고
'말 없는' 무언(無言)이면, '사람 없는' 무인(無人);
입 있는 유구라도 사람 없는 무인이면,
밥 없는 무식이고 말 없는 무언….

밥 없음이면 말 없음…. 앎도 없음….
말 없음이면 밥 없음…. 앎도 없음….
그리하여, 사람 없음….

밥 없음, 말 없음, 앎 없음에서 사람 없음….

이런 있는 없음들, 없어야….
'있는 없을 것'들, 없‒앨 것들….

기본적인 밥과 말이 가능할 때,
기본적인 사람이기가 가능….
그 '기본'의 내용과 방식이 많이 유동적일지라도….

그러니, '말 있는' 유언(有言), '밥 있는' 유식(有食),
'앎 있는' 유식(有識), '사람 있는' 유인(有人)….

'없는 있을 것'들, '있‒앨' 것들….

사람 삶….
그리고 밥과 법….

있을 것들, 없을 것들 물어 알아, 있게 하고 없게 하는
외적/내적 전제들, 사회적/개인적 전제들 묻기….

덮어 모르게 하는 일('埋': 묻을 매),
열어 알게 하는 일('問': 물을 문)이 모두 '묻기'….

있는 것 알아, 있을 것 알고;
있을 것 알아, 있는 것 알고….

지구를 말해도,
동물을 말해도….

신을 말해도,
돈을 말해도….

밥을 말해도,
법을 말해도….

결국은 '사람'.

사람.
그리고 사람….

'사람-이즘'(Saramism)…?
아니, '사람들-이즘'(Saramdrism)…?

결국,
사람이 살 일.
사람으로 살 일.

사람이 할 일.
사람으로 할 일.

사람이 '어떤 식'으로 살고 있는지….

사람이 사람들과 사물들 '속'에 물질적으로,
사회적으로, 문화적으로, 도덕적으로 어떻게 함께 사느냐,
살 것이냐가 물을 문제, 알 문제….

'더 함께'로 더 사람, 더 나
그리하여 더 삶이기 위한 더 물음, 더 앎….

'이 아님'에서 '저 아님'

사람이 살다 보면,
사람으로 살다 보면…,

하여야 하는 말들이 있고,
하고 싶은 말들이 있고….

나이기 위하여,
사람이기 위하여;

우리이기 위하여,
함께이기 위하여….

혹은,
행복이기 위하여,
의미이기 위하여….

그런데,
사람이기는 사람-만이기가 아니고,
함께이기는 함께-만이기가 아니고,
자신이기는 자신-만이기가 아니고….

'앎'에서의 '만', '함'에서의 '만'….

그리고 '힘'에서의 '만'….

배(排)제, 배(排)척, 배(排)타하는 '만'….
'잘못'(非)이라고, 혹은 '아님'(非)이라고
'손'(手)으로 '밀어내는' 배(排).

밥이나 법, 사람이나 세상과 관련하여,
'하라!', '마라!' 혹은 '이다!', '아니다!'를
배-타적으로, 홀-로 말하는 입들도 있고;

그런 말들이 거짓이고 부당하다는 생각이 들어도,
말 한마디 못 하는 입들도 있고….

'말할 힘'이 없-어서;
'말할 앎'이 없-어서….

혹은,
'말 못 하게 하는 힘'들이 있-어서;
'말 못 하게 하는 앎'들이 있-어서….

말할 기회가 없는 입이나 먹을 기회가 없는
입은 불통의 입, 아닌 입;

말할 기회가 없게 하는 입이나
먹을 기회가 없게 하는 입도 불통의 입, 아닌 입….

불통을 당하는 입;
불통을 가하는 입.

둘 다, 아닌 입, '잘못 입', '非입'….

'발족'(疋), '흐를류'(流), '길용'(甬), '갈지'(之)로
구성되는 말, 소통(疏通).

트-인 길, 트-는 길에서
'물질이나 기호의 막힘 없고 걸림 없는 흐름'이 소통.

물질에서든 기호에서든, '밥 길'에서든 '법 길'에서든,
막힘 있고 걸림 있는 불통이 문제.
막힘 있고 걸림 있는 불통이라서 문제.

무식(無食)이고 무언(無言)인 속에
사람-이기, 함께-이기를 거스르는 불통;
나-이기를 거스르는 불통.

'안-이'게 하는 불통(不通), '아닌 소통'.

'아닌 앎', '아닌 함', '아닌 입', '아닌 나'로 이끄는….

그래서 '아닌 사람'으로, '아닌 함께'로 이끄는….
그래서 '아닌 삶'으로 이끄는….

아니게 하는 아님?
'이 아님'에서 '저 아님'?

들어-오지 마, 올라-오지 마

'너 누구야?'
'나 누군 줄 알아?'
'어따 대고 말대꾸야?'

일정한 관계에서라면, 예사로 듣는 말들….

'아랫사람'들이 유관한 '윗사람'들로부터 들음;
'약 사람'들이 유관한 '강 사람'들로부터 들음.

유력자/'무력자', 강력자/약력자' 간의
긴장 관계, 대립 관계에서….

눌러-내리는 억압(抑壓: 누를 억, 누를 압),
밀어-내는 배제 속에 하는 말들, 듣는 말들….

밀어-냄은 '일반인'들은 '특별인'들이 사람-하는
'안' 공간으로 '들어오지 마!'이고;
눌러-내림은 '일반인'들은 '특별인'들이 사람-하는
'위' 공간으로 '올라오지 마!'이고….

모르는 너는 지금이라도
'강 나'에 대하여 '바른 것'을 알고,
'약 너'에 대하여 '바른 것'을 알고 알리라는 것.

그렇게 '무식 너'는 '유식 너'로 되라는 뜻.

결국, '똑바로 알고 똑바로 하라!'는 뜻.
결국, '똑바로 살라!'는 뜻.

이는 무엇보다,
'너의 자리'를 넘어서는 '움직이지 마!'라는 뜻.

'너의 본래 자리'에 맞-게 움직이고,
'위'나 '안'의 일에서는 '움직이지 마!'라는 뜻.

'아래'이고 '밖'이며 '다름'이고 '나머지'인
너의 자리에 '알맞게', '걸맞게' 움직이는….

그리 '알'고 그리 '하'는….

이런 '부동의 동(動)'은 일종의 '아는 함'….

100 갑질 알기 / 그런 줄도 모르고,

아니, '모르는 함'….

'들어오지 마!', '올라오지 마!'가 너에게 '바른 앎'.

그래서 '함께하지 마!', '같이하지 마!'가 너에게
'바른 앎'.

그래서 '하나 되지 마!', '같아지지 마!'가 너에게
'바른 앎'.

너의 '자리에 맞는 바른 함에 맞는' 바른 앎.

떼어낸다는 뜻….

'따로이자!'는 뜻;
'따로하자!'는 뜻….

'둘이자!'는 뜻;
'둘하자!'는 뜻….

유력자와 무력자, 강력자와 약력자로 가르고 떼어
'둘이자!'.

그런데, 하나일 때, 둘일 수;
같음일 때, 다름일 수….

법에서 같음일 때, 밥에서 다름일 수….
수직 같음, 수직 다름; 같음2, 다름2….

법에서 다름이고, 밥에서 같음일 때는
수평 다름, 수평 같음; 같음1, 다름1….

가진 것, 오른 지위나 문화 전통,
사회정서에 정해지고 좌우되는 힘 크기….

그런데, 상황에 따라,
인정과 사정에 따라 상대적인 힘 관계;
유력자이다가 무력자이고,
무력자이다가 유력자이고….

어느 중학교 어느 2학년생은
어느 3학년 선배에겐 무력자지만,
어느 1학년 후배에겐 유력자.

그 3학년 선배도 자신의 선배들이 있고,
그 1학년 후배도 자신의 후배들이 있고….

유력자 3학년 선배도 자신의 선배들에겐 무력자,
무력자 1학년 후배도 자신의 후배들에겐 유력자.

'있는 힘'으로서 있는 힘으로써 '잘못'을 가—하다가도,
'없는 힘'으로서 없는 힘으로써 잘못을 당—하고….

무엇보다, 밥 없이 하고 법 없이 하여,
외적으로든 내적으로든 '사람'이기 어렵게 함이 잘못….

못살게 하고, 못 살게 함이….

그런데, 잘/잘못의 가름이
쉽게, 적나라한 힘으로 결정되는 잘못….

정의(正義)를 홀로 정의(定義)하려는 '잘못 힘'들….
뜻들을 '갈라'(de) 나누어 '경계'(finis)를 긋는
정의(定義), De-finition.

세상다울 때 사람, 사람다울 때 세상

'디알로그'(Dialog: diá + logos = 관통하여 + 말),
'대화'(對話)는 '말들의 (막힘 없는) 흐름/오감'.

대화(對話), 대담(對談), 회화(會話), 면담(面談)은
서로 '맞-나' 얼굴을 '마주-하고' 말을 주고받으며
생각과 느낌을 열고 나누는 일인데….

나와 너 '두' 사람이 말하기지만,
말하는 주체가 '한' 사람-만이니 일-방,
그리고 말하는 방법이 '아래로'-만이니 '하(下)-방'.

쌍-방 없고 상-방 없는 일-방이고 하-방….

'사람은 다른' 둘, '말은 같은' 하나;
'밥은 다른' 둘, '법은 같은' 하나….

윗사람-만이 아래-로 말하는 주체….
그리고 위-로 '말 못 하는' 아랫사람.

아랫사람-만이 위-로 말 듣는 주체….
그리고 아래-로 '말 못 듣는' 윗사람.

말 듣는 주체지만, 객체 같은 주체, 아랫사람.
말 못 듣는 객체지만, 주체 같은 객체, 윗사람.

'하방'(下方)-만인 말길이니, 다른 한 방향은 막힘.
아래로 열릴수록 위로는 막힘….

다 함께, 더 함께로의 길은 아님.
다 사람, 더 사람으로의 길은 아님.

'겁주는 겁질', '겁먹는 겁질'이
자연스런 '갑질 세상', '겁질 세상'은
작은 밥 크기, 작은 말 크기의 작은 세상.

'따로함께2'의 겉-도는 '겉-질 세상', '껍질 세상'….

작은 세상에서 말 못 하게 하는 힘들도 있고,
밥 못 먹게 하는 힘들도 있고;
자꾸 '밥그릇' 내지 '식권'이 떠올라,
'입도 뻥끗 못 할' 상황들이나 사람들도 있고….

자신이나 아버지의 소유나 지위를 업고서,
말 못 하게 하는 말들;
업을 '것'도, 업힐 '데'도 없으면,
참으로 하기 어려운 말들….

말로 하는 말들, 말로 않는 말들….
눈으로, 표정으로, 몸짓으로, 말소리 아닌 소리로….

작은 세상에서는 먹거나 못 먹는 입,
말하거나 말 못 하는 입이 크게 나뉨.
그래서 '너는 너, 나는 나'일 뿐임.

작은 세상은 먹거나 못 먹는 입,
말하거나 말 못 하는 입의 나뉨을 말하지 않으려….

나뉘어(나눔2) 못 나누니(나눔1), 말(나눔0) 못 하는
입들; 이런 나뉨을 말 않으려는 세상들….

작은 세상이라서 작은 사람,
작은 사람이라서 작은 세상;
'소세소인'(小世小人), '소인소세'(小人小世).

혹은,
아닌 세상에서 아닌 사람,
아닌 사람에서 아닌 세상;
'비세비인'(非世非人), '비인비세'(非人非世).

아닌 세상, 아닌 사람은 잘 통하는 관계….

그러니,
세상이 세상다울 때 사람이 사람다운
'세세인인'(世世人人);
사람이 사람다울 때 세상이 세상다운
'인인세세'(人人世世)….

'함께' 찾을수록, '열려' 찾을수록, 찾아지는 법이나 길들은 사리나 논리, 윤리나 정리(情理), 그리하여 理나 道, Logos나 Hodos(길)에 가까우리.

5권에서 '좋은 길'들을 찾는 '좋은 함께'의 방법들이 '3분 철학'의 개념으로 집중적으로 물어지고 말해질 것.

'덜' 나눔(수직의 나눔2),
'더' 나눔(수평의 나눔1),
'잘' 나눔(판단의 나눔0) '3분'의 전체 작용맥락을 밝히면서 '좋은' 공동체 삶을 함께 물어 찾아 알아 걸어가는 '3분 철학'하기….